SHIORIの2人で楽しむ ゆるうま

KODANSHA

はじめに（のかわりに）

結婚して6年。結婚当初に比べるとお互いにライフスタイルが変化してきた。夫は仕事柄、帰宅時間が遅いし、私も撮影や料理教室などの仕事で疲れて帰ってくる日が多くなった。

彼はお酒が大好きで、毎日晩酌をする。結婚前や結婚当初は、いいところを見せたくて、疲れていてもがんばって何品もおかずを兼ねたおつまみを作

夫

- 職業…美容師
- 見た目はワイルド、中身はマイルド
- 嫁と酒をこよなく愛する
- 好きなものはカレー、サッカー
- 家飲みも外飲みも大好き
- 軽く飲んで来ると言って必ず朝帰り
- 酒臭いと自覚のあるときは自主的にソファで寝る
- 日課は植物の世話、洗濯

っていたこともあったけど、今は忙しいときは無理しないで、「簡単なものでいいよね」って言える関係になった。家に帰って、その日にあった嬉しかったことや面白かったこと、そして相談したいことを、とりとめもなく話しながらの家飲みタイムは、今では私たち夫婦にとって大切な時間となっているのだ。

今夜もゆるつまで、とりあえず始めようか・・・。

妻 しーちゃん

- 職業…料理家
- 料理担当
- 主婦歴6年にして洗濯が苦手
- 夫の話はあまり聞いていない
- (アウトドア、映画など)お互いの時間をそれぞれ楽しもう！タイプ
- 旅と食べ歩きが大好き
- 夢や目標に向かってまっしぐら
- 梅干しが食べられない

もくじ

はじめに（のかわりに） 2

1
フライパン、鍋いらず。5分で乾杯！

カリカリお揚げ明太子 6
クリチーの塩からのせ 8
さきいかたたききゅうり 8
クリチーの桜えびまみれ 10
アボカドとかにかまのチリマヨあえ 10
しらすマヨトースト 12
モッツァレラチーズのお刺身 12
鮭フレークとクリームチーズのディップ 14
アボカドとまぐろのねぎとろ風 16

いちじく生ハム 16
きゅうりとちくわのからしマヨあえ 18
トマトとザーサイのナムル 18
キャベツと鮭のうま塩あえ 20
しいたけゆずマヨ焼き 20
ねぎ明太やっこ 22
梅なめたけやっこ 22

COLUMN 01
我が家の5分アヒージョ 24
カマンベールとナッツのアヒージョ 24
明太アボカドアヒージョ 24
ハーブチキンとエリンギのアヒージョ 25
ひじきとしらすの月見アヒージョ 25

COLUMN 02
我が家の便利ストック 26

2
やっぱり肉、肉‼（ときどき魚）

ささ身の柿の種フライ 28
ささ身とアスパラの春巻き 30
牛肉のタリアータ 30
鶏チャーシュー 30
とろとろねぎ豚 32
カリカリ豚キムチ 34
ゆで豚とキャベツのラー油がけ 34
ささ身のねぎソース 36
メキシカンビーフサラダ 36
ピリピリ手羽先 38
青じそにんにくの豚ばら串 38
ビーフトマト 40
あぶりサーモン 40
ぶりと長芋のガーリックバターしょうゆ炒め 42
スパイシーししゃも 42

カマたらグラタン 44
サーモンとアボカドのポテトサラダ 44

[ゆるつまエッセイ 01]
無理をしない。それが心地よく感じる今日このごろ 46

COLUMN 03
我が家の卵つまみ最強10選 48
肉巻き卵 48
揚げだしエッグ 49
だし巻き卵サンド 49
とろとろスクランブルエッグと生ハム 50
卵サラダ 50
豚ひき肉とザーサイの台湾風オムレツ 51
豚玉 51
ランチョンミートとにら玉炒め 52
卵ピザ 53
ウインナーとミニトマトのフラン 53

3 遅くても飲みたい！ヘルシーつまみ

- 豆腐のエスニックサラダ 54
- とろとろ明太豆腐 54
- 納豆にんじんサラダ 56
- 豚ピーしらたきの塩昆布炒め 56
- もやしとわかめのナムル 58
- きゃべつとわかめの明太子あえ 58
- パリパリ切り干し大根ときくらげのザーサイあえ 60
- ピーマンの焼き浸し 60
- さばみそ温やっこ 62
- あさりのナンプラー蒸し 62
- あっさりレタスのしゃぶしゃぶ 64
- しっとり鶏ハム 66
- 鮭のホイル焼き 66

COLUMN 04
盛りつけ上手の優秀な「魅せ皿」4選 68

[ゆるつまエッセイ 02]
大切にしているのは、一緒に食べる時間（夫より） 70

4 冷蔵庫にこれさえあれば！

[カマンベールチーズ]
- カマンベールのベーコン焼き 72
- ドライフルーツとナッツのハニーカマンベール 73

[ウインナー]
- ウインナーのチリチリ炒め 74
- ナポリタン炒め 75
- ササッとジャーマンポテト風 75

[ちくわ]
- ちくわクリチー 76
- ちくわのマヨマスタード焼き 76
- 青のりの塩ちくわ 77

[はんぺん]
- はんぺんのバタポン炒め 78
- はんぺんのりチーズサンド 78
- はんぺんのピリ辛ねぎマヨあえ 79

[納豆]
- カリカリお揚げ納豆 80
- 納豆きゅうり 80
- 納豆チヂミ 81

[ベーコン]
- アボカドベーコンのわさびじょうゆ炒め 82
- 餅ベーコン 82
- まいたけベーコン 83

5 やっぱり食べたいシメごはん

- 豚肉と豆苗と塩昆布のチャーハン 84
- もずくにゅうめん 86
- 冷や汁うどん 86
- 塩辛ペンネ 88
- 鶏茶漬け 88
- しょうがおかかおにぎり 90
- 豚キムチ焼きうどん 90

- 豚キムチ焼きうどん 90
- もっと！ゆるつまダイアリー 92
- おわりに 94

●計量の単位は大さじ1＝15ml、小さじ1＝5ml、カップ1＝200ml
●電子レンジは600Wのものを使っています。500Wの場合は時間を1.2倍にしてください。

1 フライパン、鍋いらず。5分で乾杯！

「おなかすいた！」って言われたら、一刻も早く食べさせたい、飲ませたい。
まずはパパッと作って、とりあえず乾杯！
これから紹介するのは、フライパンも鍋も使わずにできる超絶簡単つまみ。
食材の相性が抜群だから、のせるだけ、混ぜるだけで、十分おいしい。
まずは前菜つまみで、ゆるっと、家飲みスタート。

カリカリお揚げ明太子

材料(2人分)
油揚げ…1枚
からし明太子…小½本
マヨネーズ…大さじ1
刻みのり…適量

作り方
❶ 明太子は皮に切り目を入れて中身をこそげ出し、マヨネーズと混ぜて油揚げの表面に塗る。
❷ オーブントースターで焼き色がつくまで3分ほど焼いたら、食べやすく切って刻みのりを散らす。

5分で乾杯！1 明太マヨを塗って焼くだけ。刻みのりがいい仕事します

5分で乾杯!

うまみとコクが深い異色のコンビ

クリチーの塩からのせ

材料(2人分)
クリームチーズ…50g
いかの塩辛…50g
万能ねぎの小口切り…適量

作り方
① クリームチーズは1cm角に切り、器に盛る。
② いかの塩辛、万能ねぎを順にのせる。

さきいかたたききゅうり

材料(2人分)
きゅうり…1本
さきいか…12g
A ┌ にんにくのすりおろし…少々
　├ ごま油…小さじ1
　└ 塩…2つまみ
粗びき黒こしょう…少々

作り方
① きゅうりはまな板の上に置き、にぎりこぶしで全体をたたき、食べやすく割る。
② ①とさきいか、Aを混ぜ合わせる。器に盛り、黒こしょうをふる。

5分で乾杯!

乾き物を格上げしておつな前菜に

5分で乾杯!

4 「これ、な〜んだ？」で盛り上がる

クリチーの桜えびまみれ

材料(2人分)
クリームチーズ…50g
桜えび…大さじ2

作り方
❶ クリームチーズは1cm角に切る。桜えびは電子レンジで1分ほど加熱して粗熱を取り、指先で粉状に粗く砕く。
❷ クリームチーズの全面に桜えびをまぶす。

アボカドとかにかまのチリマヨあえ

材料(2人分)
アボカド…1個
かに風味かまぼこ…5本
A ┌ スイートチリソース…大さじ½
　 └ マヨネーズ…大さじ1強
パクチー、スイートチリソース、
フライドオニオン…各適量

作り方
❶ アボカドは1.5cm角に切る。かに風味かまぼこは長さを半分にして、軽くほぐす。
❷ ボウルにAを合わせ、❶を加えてあえる。器に盛り、スイートチリソースをかけ、刻んだパクチーとフライドオニオンをのせる。

5分で乾杯!

5 追いスイートチリソースとフライドオニオンが決め手!!

今日のしーちゃん

ビール 1本だけ冷蔵庫に残っていたビールを楽しみに帰宅。リビングに入ると、口が開きすっかりヌルくなったビールがテーブルの上で僕を出迎えてくれた。しーちゃんはソファで気持ちよさげに寝ていた。お願いだから、1口だけ飲んで満足するのはやめてくれ。

6 5分で乾杯！

のせて焼いて、スナック感覚でサックサク

しらすマヨトースト

材料(2人分)
食パン(8枚切り)…1枚
しらす…大さじ2
マヨネーズ…大さじ1
ピザ用チーズ、万能ねぎの小口切り
　…各適量

作り方
❶ 食パンは十字に4等分に切る。それぞれにマヨネーズを塗り、しらす、万能ねぎ、チーズを順にのせる。
❷ オーブントースターに入れ、チーズに焼き色がつくまで3〜4分焼く。

モッツァレラチーズのお刺身

材料(2人分)
モッツァレラチーズ…1個
みょうがの小口切り…1個分
万能ねぎの小口切り、かつお節…各適量
わさび、しょうゆ…各適量

作り方
❶ モッツァレラチーズは半分に切り、さらに5mm厚さにスライスして器に並べる。
❷ みょうが、万能ねぎ、かつお節をのせ、わさびじょうゆを添える。

7 5分で乾杯！ "新食感"冷奴!?

5分で乾杯!

鮭フレークが洋風に変身♪
くるみの食感がアクセントに

鮭フレークとクリームチーズのディップ

材料(2人分)
クリームチーズ…80g
A ┌ 鮭フレーク…大さじ1強
  │ パセリのみじん切り
  │ …小さじ½
  └ くるみの粗みじん切り…15g
くるみの粗みじん切り、パセリのみじん切り…各適量
バゲット…適量

作り方
❶ クリームチーズは常温に戻してやわらかくする。ボウルに入れ、Aを加えてよく混ぜる。
❷ ❶をココットなどに盛り、くるみとパセリを散らし、軽くトーストしたバゲットを添える。

アボカドキムチ

材料(2人分)
アボカド…1個
白菜キムチ…100g
A ┌ めんつゆ(3倍濃縮)…小さじ½
  └ ごま油…小さじ½〜1
いり白ごま…少々

作り方
❶ アボカドは1.5cm角に切る。キムチは粗めに刻む。
❷ ボウルに❶とAを入れて混ぜ、器に盛って白ごまを散らす。

5分で乾杯!

ふたつの素材の
かけ橋は
万能めんつゆ!

5分で乾杯！

10 刻んで、たたいて混ぜる、以上！

まぐろのねぎとろ風

材料(2人分)
まぐろの赤身(刺身用)…1さく(80〜100g)
A ┌ 青じそのみじん切り…2枚分
　├ 長ねぎのみじん切り…15cm分
　├ たくあんの粗みじん切り…大さじ2
　├ マヨネーズ…小さじ1
　└ しょうゆ…小さじ½
いり白ごま…少々
焼きのり…1枚
しょうゆ…適量

作り方
❶ まぐろは粗みじんに切り、包丁でたたく。
❷ ❶とAを合わせてよく混ぜ、器に盛って白ごまをふる。焼きのりは6等分に切って添える。まぐろをのりで巻いて、しょうゆをつけながら食べる。

いちじく生ハム

材料(2人分)
いちじく…2個
生ハム…4枚

作り方
❶ いちじくは縦4等分のくし形切りにして、切り口を上にして器に盛る。
❷ いちじくの上に生ハムを食べやすく裂いてのせる。

5分で乾杯！

11 生ハムメロンの応用だ！

今日のしーちゃん **料理** 僕は料理をするのが好きだ。ほとんどは"SHIORI本"を見ながら作る。お酒を飲みながら楽しく作っていると横からレッスンが始まる。ほっといてくれーと思いながらも、いい仕上がりになって喜んでくれるのは正直うれしい。だから、料理は楽しい。

16

どんな素材もまとめる
マヨネーズってエラい

5分で乾杯！

きゅうりとちくわのからしマヨあえ

材料(2人分)
きゅうり…1本
ちくわ…2本
A ┌ マヨネーズ…大さじ1
　├ しょうゆ…小さじ1½
　└ 練りがらし…小さじ1
すり白ごま…小さじ2

作り方
❶ きゅうりは7～8mm厚さ、ちくわは5mm厚さの輪切りにする。
❷ ボウルにAを合わせ、❶と白ごまを加えてあえる。

トマトとザーサイのナムル

材料(2人分)
トマト(あればフルーツトマト)…小2個
ザーサイ(瓶詰)のみじん切り…大さじ1½
いり白ごま…小さじ1
A ┌ しょうゆ…小さじ1
　├ 酢…大さじ1
　├ 砂糖…小さじ½
　└ ごま油…小さじ1

作り方
❶ トマトは6～8等分のくし形切りにする。
❷ ボウルにAを合わせ、トマト、ザーサイ、白ごまを加えて混ぜる。

ほんのり酸味をきかせた
中華風サラダつまみ

5分で乾杯！

5分で乾杯！ **14** 鮭フレークだって
ツナ缶並みに使える!!

キャベツと鮭のうま塩あえ

材料(2人分)
キャベツ…¼個
A ┌ 鮭フレーク…大さじ3〜4
　├ 酢…小さじ½〜1
　├ ごま油…大さじ1
　└ 塩…適量
粗びき黒こしょう…適量

作り方
❶ キャベツは5mm幅のざく切りにする。
❷ ボウルに❶とAを入れてよく混ぜる。器に盛り、黒こしょうをふる。

しいたけゆずマヨ焼き

材料(2人分)
しいたけ…6枚
A ┌ マヨネーズ…大さじ1
　└ ゆずこしょう…小さじ⅓
ピザ用チーズ…適量

作り方
❶ しいたけは軸を取る。Aを混ぜ、しいたけの裏側に塗り、チーズをのせる。
❷ オーブントースターか魚焼きグリルで焼き色がつくまで焼く。

5分で乾杯！ **15** ゆずこしょうが隠し味

見た目の100倍うまい!!

16 豆腐にしょうゆは、今夜は封印!!

5分で乾杯！

ねぎ明太やっこ

材料(2人分)
絹ごし豆腐…½丁
からし明太子…1本
長ねぎのみじん切り…10cm分
ごま油…適量

作り方
❶ 明太子は皮に切り目を入れて中身をこそげ出し、長ねぎの半量を混ぜる。
❷ 豆腐は食べやすく切って器に盛る。❶と残りのねぎをのせて、ごま油をかける。

梅なめたけやっこ

材料(2人分)
絹ごし豆腐…½丁
梅干し…1個
なめたけ(瓶詰)…大さじ2
青じそ…2枚

作り方
❶ 梅干しは種を取ってちぎり、なめたけと合わせる。
❷ 豆腐は食べやすく切って器に盛る。❶とちぎった青じそをのせる。

17 "ご飯の友"は"豆腐の友"

5分で乾杯！

今日のしーちゃん

点数 「今日のごはんは何点かな〜？」かなりの頻度でしーちゃんに聞かれる。なのでその時パッと思いついた点数を言う。うちの採点は100点満点どころか、億がスタンダードだ。一度8京点が出てしまってからは大変。いつか無限点が出る日を本人は楽しみにしているよう。

カマンベールとナッツのアヒージョ

材料(2人分)

カマンベールチーズ…1個
スライスベーコン(ハーフサイズ)…2枚
にんにくのみじん切り…1かけ分
アーモンドの粗みじん切り…大さじ1
オリーブオイル…100〜150㎖
塩…適量
パセリのみじん切り…適量

作り方

❶ カマンベールチーズは放射状に8等分に切り、ベーコンはみじん切りにする。

❷ 直火可能な耐熱のココット(または小鍋やフライパン)に、カマンベールチーズとにんにくを入れ、ベーコンとアーモンドを散らしてオリーブオイルを注ぎ、弱火にかける。ふつふつと油が沸いて、チーズがやわらかくなったら火を止め、塩をふってパセリを散らす。

明太アボカドアヒージョ

材料(2人分)

からし明太子…2本
アボカド…½個
にんにくのみじん切り…1かけ分
オリーブオイル…100〜150㎖
粗びき黒こしょう…適量
万能ねぎの小口切り…適量

作り方

❶ アボカドは1.5cm角に切る。

❷ 直火可能な耐熱のココット(または小鍋やフライパン)にアボカドと明太子(ほぐさずそのまま)、にんにくを入れてオリーブオイルを注ぎ、弱火にかける。ふつふつと油が沸いてきたら火を止め、黒こしょうをふって万能ねぎを散らす。

COLUMN 01

我が家の
5分アヒージョ

ハーブチキンと エリンギの アヒージョ

材料(2人分)
鶏もも肉…120g
エリンギ…1本
にんにくのみじん切り…1かけ分
ハーブミックスソルト…小さじ1弱
赤唐辛子の小口切り…1本分
オリーブオイル…100〜150mℓ
粗びき黒こしょう…適量
パセリのみじん切り…適量

作り方
① エリンギは長さを半分に切ってから、縦4等分に切る。鶏肉は余分な脂身を除き、2cm角に切り、ハーブミックスソルトをまぶす。
② 直火可能な耐熱のココット(または小鍋やフライパン)に①、にんにく、赤唐辛子を入れて、黒こしょうをふり、オリーブオイルを注ぎ、弱火にかける。ふつふつと油が沸いて鶏肉に火が通ったら火を止め、パセリを散らす。

ひじきとしらすの 月見アヒージョ

材料(2人分)
ひじき(乾燥)…3g
しらす…大さじ3
にんにくのみじん切り…1かけ分
卵黄…1個分
オリーブオイル…100〜150mℓ
塩、一味唐辛子…各適量
バゲットの薄切り…適量

作り方
① ひじきは袋の表示時間通りに水でもどし、水けをよくきる。
② 直火可能な耐熱のココット(または小鍋やフライパン)にひじき、しらす、にんにく、オリーブオイルを入れ、弱火にかける。ふつふつと油が沸いてきたら火を止め、卵黄を落とす。塩と一味唐辛子をふり、バゲットを添える。

味も見映えもワンランク上に
薬味ボックス
足すだけで、味も見た目もよくなるから、冷蔵庫に薬味は欠かせません。でもすぐシナシナになるものが多いので、薬味ボックスを作って保存を。保存容器に湿らせたペーパータオルを敷いて薬味を入れておくと長持ちするのでおすすめです。

COLUMN 02
我が家の便利ストック

陰の立て役者
ごま&刻みのり
ごまやのりも薬味と一緒で、料理にちょっと足すだけで、味にアクセントがついたり、食感がよくなったり、うまみが増すから常備しています。保存がきくのも重宝します。ごまは使うときに指の腹でつぶしながらかけると、香りが立ってよりおいしくなりますよ。

失敗しないから万能！
めんつゆ
だしにしょうゆ、酒、みりんなど、和食の基本となる調味料が入っているめんつゆ。万能に使えるうえ、味つけに失敗がないので、冷蔵庫に常備しておくと、いろいろな料理に役立ってとても便利です。

お酒もご飯もすすむ
ピリ辛調味料
ゆずこしょう＆ラー油

ピリ辛な味つけはお酒もご飯もすすみます。合わせ調味料に混ぜるもよし、できた料理にかけるも添えるもよし！の万能さで常備しているのがこのふたつ。香りや風味も好きでよく使います。

主役にもなれるから、優秀
クリームチーズ

この本でも何度も登場しているクリームチーズ。主役を張ったり(P8など)、脇役としてディップのベースになったり(P14)、その深いうまみとコクで、どんどんお酒がすすんでしまう。そのつど使い切れる個包装が便利です。

保存性が高いからエラい
キムチ

キムチも汎用性が高い食材。もちろんそのままもイケるし、うまみがあるから、どんな食材とも相性がいい。味もきまるのであると便利です。女子には発酵食品として、男子にはパンチ食材として人気ですよね。

塩昆布
乾物なので保存がきくうえ、塩けと昆布のうまみがプラスされ、調味料いらずで味つけがきまる便利な食材。納豆にんじんサラダ(P56)や豚肉と豆苗と塩昆布のチャーハン(P84)などに登場。

しらす＆
ちりめんじゃこ
しらすやちりめんじゃこも少し加えるだけで、うまみが増して、おいしくなる優秀食材。パンにのせたり(P12)、アヒージョにしたり(P25)、料理のジャンルを問わず使えるから便利です。

ナッツ類
料理って味や見た目はもちろん、"食感"もおいしさのひとつ。食感の楽しさがプラスできるナッツ類は、くるみやアーモンド、ピーナッツなどを常備して、料理によって使い分けしています。

2 やっぱり肉、肉!!（ときどき魚）

主役の登場!!
肉（魚）があるとぐっと満足度がアップ。肉&魚料理といっても「ゆるつま」だから難しいことなし! 調理に炊飯器だって登場します。調理法や食材の工夫で「なにこれ、おいしい!」とうならせる一皿たちを紹介します。

ささ身の柿の種フライ

材料（2人分）
ささ身…3本
柿の種…2袋分（22g）
A　薄力粉、水…各大さじ1½
塩、こしょう…各適量
サラダ油…大さじ3
マヨネーズ…大さじ1
練りがらし…小さじ1弱
パセリ…適宜

作り方
❶ ささ身は筋を取り、厚みを半分に切って軽く塩、こしょうをふる。柿の種はポリ袋に入れ、めん棒などで粗く砕く。Aは混ぜ合わせる。

❷ ささ身にAをまんべんなくつけ、余分な衣を指で落とし、全体に柿の種をまぶす。フライパンにサラダ油を熱し、片面約2分ずつ揚げ焼きにする。

❸ ❷の油をきって器に盛り、あればパセリを添える。マヨネーズとからしを混ぜ、つけて食べる。

やっぱり肉、肉!!

1 いってみれば、味つきのパン粉!

やっぱり肉、肉!!

忍びこませた
ゆずこしょうマヨがおつ!

ささ身とアスパラの春巻き

材料(8本分)

- ささ身…2本
- アスパラガス…4本
- 青じそ…8枚
- A ┌ マヨネーズ…小さじ4
  └ ゆずこしょう…小さじ½
- 塩…少々
- 春巻きの皮…8枚
- B 薄力粉、水…各小さじ1
- 揚げ油…適量

作り方

❶ アスパラガスは下半分の皮をピーラーでむいて長さを3等分に切り、さらに縦2～4等分に切る。ささ身は筋を取って半分の長さに切り、厚みを半分に切って塩をふる。Aは混ぜ合わせる。

❷ 春巻きの皮を広げ、青じそ、ささ身を順に置き、Aを塗ってアスパラガスをのせる。手前からきつめに巻き、巻き終わりに溶いたBを塗って閉じる。

❸ 170℃程度に熱した揚げ油できつね色になるまで揚げる。

牛肉のタリアータ

材料(2人分)

- 牛ももステーキ肉…1枚
- にんにくの薄切り…1かけ分
- ルッコラ…1袋
- オリーブオイル…大さじ1
- 塩、粗びき黒こしょう…各適量
- バルサミコ酢、パルメザンチーズ
  　…各適量

やっぱり肉、肉!!

作り方

❶ 牛肉は焼く30分前に冷蔵庫から出して常温に戻し、塩、黒こしょう各少々をふる。ルッコラは食べやすい大きさにざく切りにする。

❷ フライパンにオリーブオイルの半量とにんにくを入れて弱火にかけ、油に香りが移ったら、にんにくを取り出し、牛肉を入れる。

❸ 強火で片面約2分ずつ焼いたら取り出す。そのまま1～2分休ませてから、食べやすい大きさに切る。

❹ 器にルッコラを敷いて❸を盛り、バルサミコ酢、オリーブオイル(分量外)をかけ、塩少々をふり、削ったパルメザンチーズを散らす。

がんばった日はちょっとだけ
いいお肉を買って

30

やっぱり肉、肉!!

4 鶏肉は下味をつけたら、炊飯器で加熱するだけ

鶏チャーシュー

材料(2人分)
鶏もも肉…1枚
A ┌ しょうゆ…大さじ2
　├ 砂糖…大さじ1強
　├ みりん…大さじ1
　└ 水…大さじ2
長ねぎ…1本
練りがらし…適量

作り方
❶ 炊飯器の内釜に鶏肉とAを入れ、肉の両面にタレをよく絡ませる。皮面を下にして、早炊きボタンを押す。
❷ 加熱が終わったら、肉を裏返して10分蒸らし取り出す。食べやすい大きさに切って器に盛り、斜め薄切りにした長ねぎをのせ、からしを添える。

とろとろねぎ豚

材料(2人分)
豚肩ロースかたまり肉…300g
長ねぎ…2本
にんにく…1かけ
A ┌ しょうゆ、酒…各大さじ2
　├ 砂糖…大さじ1
　├ オイスターソース…大さじ1/2
　├ 豆板醤(トウバンジャン)…小さじ1/3
　└ 水…200mℓ

作り方
❶ 豚肉は1cm幅に切る。長ねぎは5mm幅の斜め切りにする。にんにくは包丁の腹で押しつぶす。
❷ 炊飯器に❶を入れ、Aをよく混ぜて注ぎ、早炊きモードで加熱する。

やっぱり肉、肉!!

5 ほったらかし調理でお肉がやわらか

32

6 やっぱり肉、肉!!

韓国風焼き肉をお手軽に。豚肉は脂を焼いて落とすのがコツ！

カリカリ豚キムチ

材料(2人分)
豚ばら薄切り肉…150g
白菜キムチ…80～100g
韓国のり、万能ねぎの小口切り…各適量
塩…少々
ごま油…適量

作り方
① 豚肉は5cm幅に切り、キムチは食べやすい大きさに切る。
② フライパンに豚肉を広げて中火にかけ、片面に香ばしい焼き色がついたら返し、サッと焼いて塩をふる。器に盛り、キムチ、万能ねぎ、ちぎった韓国のりを順に散らし、ごま油をかける。

ゆで豚とキャベツのラー油がけ

材料(2人分)
豚ばら薄切り肉(しゃぶしゃぶ用)…120g
キャベツ…¼個
A ┌ いり白ごま…大さじ1
　├ しょうゆ…大さじ2
　├ オイスターソース…小さじ½～1
　├ 砂糖…大さじ½
　├ 酢…大さじ1
　└ ラー油…大さじ1～2

作り方
① キャベツは芯を取り除いてざく切りに、豚肉は食べやすい長さに切る。Aは混ぜ合わせる。
② 鍋にたっぷりの湯を沸かし、キャベツを1～2分ゆでてざるに上げ、水けをきる。鍋の火を止め、豚肉をほぐしながら入れる。肉の色が変わったら、ペーパータオルにとって水けをふき取る。
③ 器にキャベツを広げて豚肉をのせ、Aのたれをかける。

7 やっぱり肉、肉!!

ピリ辛だれのパンチが食欲をそそる

8 ねぎどっさり！冷やしてどうぞ

やっぱり肉、肉!!

ささ身のねぎソース

材料(2人分)
ささ身…2本
長ねぎのみじん切り…1本分
A ┌ しょうがのすりおろし…小さじ½
　├ 鶏がらスープの素(顆粒)…小さじ1
　├ 太白ごま油(またはサラダ油)…大さじ3
　└ 塩…2〜3つまみ
酒…大さじ1
花椒(ホワジャオ)…適宜

作り方
❶ ボウルに長ねぎとAを合わせて、冷蔵庫に入れる。
❷ ささ身は厚みを半分に切り、耐熱皿に並べて酒をふる。ふんわりとラップをして電子レンジで1分30秒ほど加熱する。
❸ ❷の粗熱を取ってほぐし、冷蔵庫で冷やして器に盛る。❶をかけ、あれば花椒をふる。

メキシカンビーフサラダ

材料(2人分)
牛薄切り肉…150g
トマト…1個
にんにくのみじん切り…1かけ分
A ┌ トマトケチャップ…大さじ2
　├ クミンパウダー…小さじ1
　├ チリペッパー…小さじ¼〜⅓
　└ 塩…小さじ⅓
オリーブオイル…大さじ1
紫玉ねぎ、アボカド、パクチー、
　コーンチップス…各適量
粗びき黒こしょう…適量

作り方
❶ 牛肉は1cm幅に切り、トマトは1cm角に切る。
❷ フライパンにオリーブオイルとにんにくを入れて弱火で熱し、香りが立ったら牛肉を加えて中火で炒める。肉の色が変わったらトマトとAを加え、トマトがペースト状になるまでしっかり煮つめて冷ます。
❸ 器に❷、薄切りにした紫玉ねぎ、食べやすく切って黒こしょうをふったアボカド、刻んだパクチーを盛り、コーンチップスを添える。

9 肉と野菜を混ぜて、召し上がれ！

やっぱり肉、肉!!

10 手づかみで豪快に食べるのがおいしい！

やっぱり肉、肉!!

ピリピリ手羽先

材料(2人分)
手羽先…6本
A┌にんにくのすりおろし…少々
　├ごま油…大さじ1
　└塩…小さじ½
しょうゆ…小さじ½
一味唐辛子…小さじ½〜1

作り方
❶ ポリ袋に手羽先とAを入れて軽くもみ、10分ほどおく。
❷ オーブントースターか魚焼きグリルに❶を並べ、皮面にこんがり焼き色がつくまで8〜12分焼く。
❸ 中まで火が通ったら、❷をボウルに取り出してしょうゆをからめ、一味唐辛子をまぶす。

青じそにんにくの豚ばら串

材料(2人分)
豚ばら薄切り肉…6枚
青じそ…9枚
にんにく…1〜2かけ
うずらの卵(水煮)…6個
A┌しょうゆ…小さじ2
　└みりん…大さじ1
一味唐辛子…適宜

作り方
❶ 青じそは縦半分に切り、にんにくは薄切りにして芽を取る。
❷ 豚肉を1枚ずつ広げ、青じそを縦に3枚ずつのせる。青じその上ににんにくをのせ、竹串を刺していく。にんにくの芽を取った部分に串を通すようにすると、焼くときにはずれにくい。別の串にうずらの卵を3個ずつ刺す。
❸ 油はひかずにフライパンに❷を並べる。中火にかけ、豚ばらとうずらの卵の両面に焼き色がつくまで焼き、Aを加えて照りよく煮からめる。器に盛って好みで一味唐辛子をふる。

11 串に刺すだけで気分は居酒屋

やっぱり肉、肉!!

やっぱり肉、肉!!

12

ビーフトマト

バジルがきいた
アジアンな味

材料(2人分)
牛薄切り肉…200g
トマト…大1個
バジル…4〜5枚
A ┌ にんにくのみじん切り…1かけ分
  │ オイスターソース…小さじ1
  │ ナンプラー、水…各大さじ1
  │ 砂糖…小さじ1強〜2
  └ 赤唐辛子の小口切り…1〜2本分
サラダ油…小さじ2
粗びき黒こしょう…少々

作り方
❶ トマトはへたを取り、6〜8等分のくし形切りにして、それぞれをさらに斜め半分に切る。牛肉は食べやすい大きさに切る。Aは混ぜ合わせる。
❷ フライパンにサラダ油を熱し、牛肉を炒める。肉の色が変わって軽く焼き色がついたら、Aを加えてジュワッと煮立てる。トマトを加えて炒め合わせ、軽く煮くずれる程度に火が通ったら、バジルをちぎりながら加える。サッと混ぜて器に盛り、黒こしょうをふる。

酒がすすむね

あぶりサーモン

材料(2人分)
サーモン(刺身用)…1さく(約150g)
玉ねぎ…¼個
にんにくの薄切り…1かけ分
ハーブミックスソルト…適量
オリーブオイル…大さじ1
マヨネーズ…適量
ポン酢…適量

作り方
❶ 玉ねぎは薄切りにして5分ほど水にさらし、ざるに上げて水けをきる。サーモンは一口大に切り、ハーブミックスソルトをまぶす。
❷ フライパンにオリーブオイルとにんにくを入れて弱火にかけ、にんにくが色づいてきたら取り出す。サーモンを入れ、表面に焼き色がつくまで強火でサッと焼く。
❸ 器に玉ねぎを広げてマヨネーズをしぼり、サーモンをのせ、にんにくを砕いて散らす。ポン酢をかけて食べる。

やっぱり肉、肉!!

13

脂ののったサーモンは
表面香ばしく、中はレアに

やっぱり肉、肉!!

14 "にんにくバターしょうゆ"の無敵の味つけ

ぶりと長芋のガーリックバターしょうゆ炒め

材料(2人分)
ぶり(切り身)…2切れ
長芋…8cm
A ┌ みりん…大さじ2
  │ しょうゆ…大さじ1½
  └ にんにくのみじん切り…1かけ分
バター…10g
薄力粉…適量
塩…適量
サラダ油…大さじ1
青じそ…適宜

作り方
❶ 長芋は皮をむき、1cm幅の輪切りにする。ぶりは長さを半分のそぎ切りにして、塩をふって薄力粉を薄くまぶす。Aは混ぜ合わせる。
❷ フライパンにサラダ油を熱し、ぶりと長芋を並べる。両面焼き色がつくまで中火で焼いたら、余分な脂をペーパータオルでふき取り、バターとAを加えてからめる。器に盛り、好みでちぎった青じそをのせる。

スパイシーししゃも

材料(2人分)
ししゃも…8尾
A ┌ カレー粉…小さじ1
  │ 薄力粉…小さじ2
  └ 塩…2つまみ
オリーブオイル…大さじ½
パセリのみじん切り、レモン(くし形切り)
　…各適宜

作り方
❶ バットなどにAを混ぜて広げ、ししゃも全体にムラなくまぶす。
❷ フライパンにオリーブオイルを熱し、❶を並べて中火で片面2分ずつ焼く。器に盛り、好みでパセリを散らし、レモンを添える。

やっぱり肉、肉!!

15 カレーの香りがやみつきに!

やっぱり肉、肉!!

16 コクのあるカマンベールが ソース代わり

カマたらグラタン

材料(2人分)
たら(切り身)…2切れ
カマンベールチーズ
　(切れてるタイプ)…3個(50g)
A ┌ マヨネーズ…大さじ1 1/2
　└ 粒マスタード…小さじ1
B ┌ パン粉…大さじ3
　├ パセリのみじん切り…大さじ1
　└ 粉チーズ…大さじ1
オリーブオイル…適量

作り方
❶ たらは皮を除いて小さめの一口大に切り、塩をふって5分おき、余分な水分をペーパータオルでふき取る。AとBはそれぞれ混ぜ合わせる。
❷ 耐熱皿にたらを並べ、カマンベールチーズをちぎりながら散らす。全体にAをかけ、Bをふり、オリーブオイルを回しかける。オーブントースターに入れ、表面に焼き色がつくまで5分ほど焼く。

サーモンとアボカドのポテトサラダ

材料(2人分)
スモークサーモン…4～5切れ
アボカド…1/2個
じゃが芋…2個
A ┌ マヨネーズ…大さじ2 1/2～3
　├ 牛乳…大さじ1～1 1/2
　├ 粉チーズ…大さじ1
　└ にんにくのすりおろし…少々
塩、粗びき黒こしょう…各適量
フライドオニオン(市販)、パセリのみじん
　切り…各適宜

作り方
❶ じゃが芋は皮をむいて小さめの一口大に切る。鍋に入れてかぶるくらいの水を注ぎ、火にかける。竹串がスッと通るやわらかさになるまで8～10分ゆでたら、湯を捨て、再び鍋に戻して表面の水分をとばすように鍋をゆすりながら火にかけ、粗熱を取る。
❷ アボカドは5mm幅に切る。ボウルにAを入れてよく混ぜ、大さじ1ほど取りおいて❶を加えてあえ、塩で味を調える。
❸ 器にじゃが芋を盛り、適当な大きさにちぎったスモークサーモンとアボカドをのせ、取りおいたAをかけて黒こしょうをふる。あればフライドオニオンとパセリを散らす。

やっぱり肉、肉!!

17 何気にボリューミーな彩りつまみ

ゆるつまエッセイ 01

無理をしない。
それが心地よく感じる
今日このごろ

今年で料理家になって10年、結婚して6年が経った。
夫は、「料理家が奥さんなんていいね！ 毎日おいしいごはんが
食べられるなんて羨ましい！」と周りから言われるようだが、
夫のごはんは試作品が続くことも、撮影の残りを持ち帰ることもしばしば。

それでもどんな時も「うまい、うまい！ しーちゃん、これおいしいよ！」と、
嫌な顔ひとつせず無邪気に喜んでくれる姿に救われている。

面白いことに、「これはどうやって作るの？ 味つけはなに？」と、
かなりの頻度で聞かれる。料理好きな女友達ではなく、夫にだ。
いつかは自分でも作ってみたいという密かな野望と
好奇心のかたまりである、うちの夫らしい質問だと思う。

作り方を聞かれるのは、作り手にとって
「おいしい」と同じくらいに嬉しいことだ。

料理家の仕事はハードで、時間が不規則なので、
朝早くから深夜までかかることもある。
仕事が忙しいときは、自分たちの食事まで手が回らないことも。

そんなとき、パパッとあるものでつまみだけを作って飲んだり、
外にさくっと飲みに行ったりして、ゆるくつまんで飲む時間が
今では、私たち夫婦の間でかけがえのない楽しみとなっている。
互いの状況を尊重し、無理なく自然体でいられるスタイルに落ち着き、
それが心地よく感じる今日このごろ。

いつも自由すぎる私を、全方位から支えてくれる夫に感謝しつつ、
これからも彼が好きな晩酌の時間を充実させていきたいなと思う。

肉巻き卵

材料(2人分)
卵…3個
豚ばらしゃぶしゃぶ用肉…4〜5枚(70g)
A ┌ しょうゆ、酒…各大さじ1½
  │ 砂糖…大さじ1
  │ 豆板醤(トウバンジャン)…小さじ¼
  └ にんにくのすりおろし…少々
片栗粉…適量
サラダ油…大さじ½
いり白ごま、万能ねぎの小口切り…各適量

作り方

❶ 半熟卵を作る。鍋に湯を沸かし、やさしく卵を入れる。湯がゆらゆら揺れる火加減で7分30秒加熱したら、氷水にとって殻をむき、冷やす。Aは混ぜ合わせる。

❷ ❶の卵の水けをふき、豚肉をすきまなくしっかりと巻き、ギュッと手で握って形を整える。表面に薄く片栗粉をまぶす。

❸ フライパンにサラダ油を熱し、❷を入れて中火で焼く。あまり動かさずに全体にこんがりと焼き色をつける。余分な脂をペーパータオルでふき取り、Aを加えて少し煮つめ、肉巻き卵にからめる。器に盛り、白ごまと万能ねぎを散らす。

COLUMN 03

巻いたり、煮たり、はさんだり！卵って万能♪

我が家の卵つまみ最強10選

揚げだしエッグ

材料(2人分)
卵…2個
A ┌ だし汁…200ml
　├ しょうゆ、みりん…各小さじ1
　├ 片栗粉…大さじ½
　└ 塩…1つまみ
サラダ油…大さじ3
大根おろし、しょうがのすりおろし、
　万能ねぎ…各適量
一味唐辛子…適宜

作り方
❶ フライパンにサラダ油を熱し、卵1個を割り落とす。火が通ってきたら、半分に折りたたんでフライパンを傾け、油を寄せて中火で揚げ焼きにする。同様にもうひとつ作り、それぞれ器に盛る。

❷ 小鍋にAを合わせて火にかけ、とろみがつくまでよく混ぜる。❶の卵にかけ、大根おろし、しょうが、小口切りにした万能ねぎをのせ、好みで一味唐辛子をふる。

だし巻き卵サンド

材料(2人分)
卵…3個
A ┌ だし汁…60ml
　├ 薄口しょうゆ、みりん…各小さじ1
　└ 塩…1つまみ
サラダ油…適量
食パン(サンドイッチ用)…2枚
B ┌ マヨネーズ…小さじ2
　└ 練りがらし…少々
ピクルス…適宜

作り方
❶ ボウルに卵を溶き、Aを加えてよく混ぜる。卵焼き器にサラダ油を薄くひき、厚さ約3cmのだし巻き卵を作る。

❷ 焼きたてをペーパータオルで包んで形を整え、そのまま冷ます。Bは混ぜる。

❸ 食パンの片面にBを塗ってだし巻き卵をはさみ、食べやすい大きさに切る。器に盛り、好みでピクルスを添える。

とろとろスクランブルエッグと生ハム

材料(2人分)
卵…2個
A ┌ 牛乳…大さじ2
　├ ピザ用チーズ…大さじ1
　├ 塩、砂糖…各2つまみ
　└ こしょう…少々
生ハム…適量
バター…10g
食パン(サンドイッチ用)…2枚
パセリのみじん切り…適量
粗びき黒こしょう…適量

作り方
① 食パンは半分に切ってトーストする。ボウルに卵を溶き、Aを加えて混ぜる。
② フライパンにバターを溶かし、①の卵液を流し入れて、とろとろのスクランブルエッグを作る。
③ パンに生ハム、スクランブルエッグを順にのせ、黒こしょうをふってパセリを散らす。

卵サラダ

材料(2人分)
卵…2個
きゅうり…½本
マヨネーズ…大さじ2½
食べるラー油(市販)…適量
バゲットの薄切り…適宜

作り方
① 鍋に湯を沸かし、卵を入れて10〜13分ゆでて固ゆで卵を作る。殻をむいて1.5cm角に切る。きゅうりも1.5cm角に切る。
② ボウルに①とマヨネーズを入れてよく混ぜ、器に盛ってラー油をかけ、好みでバゲットを添える。

豚ひき肉とザーサイの台湾風オムレツ

材料(直径20cm・1枚分)
卵…2個
豚ひき肉…80g
ザーサイ(瓶詰)のみじん切り
　…大さじ1強
パクチー…適量
A ┌ しょうゆ、オイスターソース
　└ …各小さじ1
ごま油…小さじ1
サラダ油…大さじ1
塩、こしょう…各少々

作り方
❶ パクチーはざく切りにする。
❷ 直径20cmのフライパンにごま油を熱し、ひき肉を炒める。肉の色が変わったらザーサイとAを加えて味つけをし、そのまま粗熱を取る。
❸ ボウルに卵を溶きほぐし、塩、こしょうして❷を加える。フライパンをふき、サラダ油を入れて中火でよく熱し、卵液を流し入れる。数回大きく混ぜ、縁が固まってきたら皿をかぶせて返し、サッと焼く(中心はやや半熟に仕上げる)。器に盛り、パクチーをのせる。

豚玉

材料(2人分)
卵…2個
豚ばら薄切り肉…2枚
サラダ油…小さじ1
中濃ソース、マヨネーズ、かつお節、
　青のり…各適量
紅しょうが…適宜

作り方
❶ 豚肉は長さを3等分に切る。
❷ フライパンにサラダ油を中火で熱し、豚肉を3切れ並べる。豚肉の上に卵を割り落とす。肉に火が通ったら返してサッと焼く。同様にもう1枚作る。
❸ 器に盛り、ソースとマヨネーズをかけ、かつお節と青のりをふる。好みで紅しょうがを添える。

ランチョンミートとにら玉炒め

材料(2人分)
卵…3個
ランチョンミート…100g
にら…3本
A ┌ オイスターソース…小さじ1
　└ しょうゆ…小さじ½
サラダ油…小さじ1
粗びき黒こしょう…少々

作り方
❶ ボウルに卵を割り入れ、Aを加えて混ぜる。ランチョンミートは長さを半分に切って1cm角の棒状に切る。にらは4cm長さに切る。
❷ フライパンにサラダ油を熱し、ランチョンミートを中火で焼く。焼き色がついたら端に寄せ、❶の卵液を流し入れて炒め合わせ、にらを加えてサッと炒める。器に盛り、黒こしょうをふる。

作り方
❶ ピーマンはへたと種を取って3mm幅の輪切りにし、ベーコンは1cm幅に切る。卵は溶く。
❷ 直径20cmのフライパンにサラダ油を熱し、溶き卵を流し入れ、丸く全体に広げる。ピーマン、ベーコン、チーズを散らし、ふたをしてチーズが溶けるまで弱めの中火で加熱する。
❸ 食べやすく切って器に盛り、ケチャップをかけ、黒こしょうをふる。

ウインナーと
ミニトマトのフラン

材料(2人分)
卵…1個
ウインナー…1本
ミニトマト…4個
A ┌ 生クリーム…50mℓ
　├ コンソメ(固形)…½個
　└ 水…100mℓ
オリーブオイル、パセリのみじん切り、
粗びき黒こしょう…各適量

作り方
❶ コンソメは刻み、分量の水で溶く。ウインナーは5mm幅の輪切りにし、ミニトマトはへたを取って横半分に切る。ボウルに卵を割り入れてよく溶き、Aを加えて、茶こしやざるでこす。耐熱の器にウインナーとトマトを半量ずつ入れ、卵液を流し入れる。

❷ ふたつきの鍋に水カップ1を(分量外)入れて沸かす。ふたにはふきんを巻いて、沸騰したら❶を入れてふたをする。強めの中火で1分ほど蒸し、弱火にして13分ほど加熱し、火を止めてそのまま10分ほど蒸らす。仕上げにオリーブオイルをたらし、パセリを散らして、黒こしょうをふる。

卵ピザ

材料(直径20cm・1枚分)
卵…1個
ベーコン(ハーフサイズ)…2枚
ピーマン…1個
ピザ用チーズ…30g
サラダ油…小さじ1
トマトケチャップ…適量
粗びき黒こしょう…少々

遅くても飲みたい！ヘルシーつまみ

女子も30代にもなれば、体のことが気になりはじめます。もちろん、隣で飲んでる旦那さんや彼の体のことも。そんな「夜遅くに飲む」という罪悪感から解放してくれる、野菜多めでゆるっと低糖質なヘルシーつまみを考えました。食べすぎたときや、ダイエットしたいときのリセットメニューとしてもおすすめです。

豆腐のエスニックサラダ

材料(2人分)
- 木綿豆腐…1/2丁
- 鶏ひき肉…100g
- アーモンド(ロースト)…10g
- パクチー…適量
- A ┌ ナンプラー、オイスターソース…各小さじ2
    └ 砂糖…小さじ2/3
- サラダ油…小さじ1
- レモン…適量

作り方
1. 豆腐は食べやすい大きさに切り、アーモンドは粗みじんに切る。パクチーはざく切りにする。Aは混ぜ合わせる。
2. フライパンにサラダ油を熱し、ひき肉を炒める。肉の色が変わってポロポロしたら、Aを加えて炒め合わせる。
3. 器に豆腐を盛って❷をのせ、アーモンドとパクチーを散らす。レモンをくし形に切って添え、絞って食べる。

ヘルシーつまみ**1** レモンをぎゅっと絞ってビタミンCも

ヘルシーつまみ 2　淡白な豆腐を明太子のうまみが引き立てる

とろとろ明太豆腐

材料(2人分)

絹ごし豆腐…1/2丁
からし明太子…2本
万能ねぎ…1〜2本
A ┌ 鶏がらスープ…200mℓ
　├ 片栗粉…小さじ1
　└ 塩…1つまみ
にんにくの薄切り…1かけ分
ごま油…小さじ1

作り方

❶ 豆腐は食べやすい大きさに切る。明太子は皮に切り目を入れて中身をこそげ出す。万能ねぎは3cm長さに切る。

❷ 小鍋にAを合わせて中火にかけ、混ぜながらとろみをつける。豆腐、明太子、にんにくを加え、明太子がほぐれるまで煮る。仕上げに万能ねぎを散らし、ごま油を回しかける。

納豆にんじんサラダ

材料(2人分)

にんじん…1本
ひきわり納豆…1パック
塩昆布…大さじ2〜3
めんつゆ(3倍濃縮)…小さじ1〜2

作り方

❶ にんじんは4〜5cm長さのせん切りにする。納豆は付属のたれと合わせてよく混ぜる。

❷ ❶と塩昆布をボウルに入れてよく混ぜ、めんつゆで味つけする。

ヘルシーつまみ 3　納豆のねばりが全体をまとめてくれる。「ひきわり」がコツ

今日のしーちゃん

外食 2人で外食にもよく行く。「私はあまりお腹すいてないからと少しだけもらう」と言って、僕のご飯を食べ始める。「おいしいね、コレ」と勢いよく食べ始め、結局半分になる。なので学習して、最初から大盛を注文すると、その時に限ってまったく食べてくれない。しーちゃんあるある。

ヘルシーつまみ 4 ローカロリー食材でかさ増し、かさ増し

豚ピーしらたきの塩昆布炒め

材料(2人分)
豚ロース薄切り肉…100g
ピーマン…3個
しらたき…1袋(200g)
塩昆布…大さじ3
A ┌ しょうゆ、酒…各小さじ1
　└ 片栗粉…小さじ½
しょうゆ…小さじ1
ごま油…大さじ½
いり白ごま…少々

作り方
❶ ピーマンは縦5mm幅の細切りにする。しらたきは熱湯でサッとゆでてざるに上げ、食べやすい長さに切る。豚肉は5mm幅の細切りにし、Aをもみ込む。
❷ フライパンにごま油を熱し、豚肉を炒める。軽く焼き色がついたら、しらたきを加える。全体が混ざったらピーマンを加えて炒め合わせる。塩昆布としょうゆを加えて味つけする。器に盛り、白ごまをふる。

もやしとわかめのナムル

材料(2人分)
もやし…200g
わかめ(塩蔵)…40g
A ┌ ごま油…大さじ1
　│ 鶏がらスープの素(顆粒)…小さじ⅔
　└ にんにくのすりおろし…少々
すり白ごま…大さじ½

作り方
❶ もやしはざるに入れてザッと水洗いし、水けをきる。わかめは水につけてもどし、塩をしっかり流して水けを絞り、食べやすく切る。
❷ 鍋に湯を沸かし、❶のもやしとわかめを20秒ほどゆでる。ざるに上げてそのまま冷まし、粗熱が取れたら水けをペーパータオルでふき取り、ボウルに入れてAを加えて混ぜる。仕上げに白ごまを加えて混ぜる。

ヘルシーつまみ 5 にんにくとごま油でパンチと香りを立たせて

ヘルシーつまみ 6 ゆでてかさを減らすから モリモリ食べられる

キャベツの明太子あえ

材料(2人分)
キャベツ…1/4個
からし明太子…1本
青じそ…3枚
A ┌ しょうゆ…小さじ1/2
  └ ごま油…小さじ1

作り方
❶ キャベツは食べやすい大きさのざく切りにし、熱湯で1分ほどゆでる。ざるにとって冷まし、水けをペーパータオルでふく。明太子は皮に切り目を入れて中身をこそげ出す。青じそは粗くちぎる。
❷ ボウルに❶とAを入れてよく混ぜる。

パリパリ切り干し大根ときくらげのザーサイあえ

材料(2人分)
切り干し大根…20g
きくらげ(乾燥)…3g
ザーサイ(瓶詰)…30g
A ┌ 酢、ごま油…各大さじ1
  ├ しょうゆ…大さじ1/2
  └ こしょう…少々

作り方
❶ 切り干し大根ときくらげは、袋の表示時間通り水につけてもどす。きくらげは石づきを取って1cm幅に、ザーサイは5mm幅に切る。Aは混ぜ合わせる。
❷ 鍋に湯を沸かし、切り干し大根ときくらげを1分ほどゆでる。水にとって冷まし、水けをよく絞る。ボウルに入れてザーサイとAを加え、よくあえる。

ヘルシーつまみ 7 コリコリ食材大集合！食物繊維もたっぷり

みょうがが おいしいって 大人の証

さばみそ温やっこ

材料(2人分)
木綿豆腐…1丁
さばのみそ煮(缶詰)…1缶
みょうが…1個
みつば…4本
ごま油…適量

作り方
❶ 豆腐は厚手のペーパータオルに包み、電子レンジで1分ほど加熱する。みょうがは小口切りに、みつばは2cm長さに切る。
❷ 器に豆腐をちぎって盛り、さばのみそ煮、みつば、みょうがを順にのせ、ごま油を回しかける。

ピーマンの焼き浸し

材料(2人分)
ピーマン…5個
しょうがのすりおろし、かつお節…各適量
めんつゆ(3倍濃縮)…50〜80mℓ
サラダ油…小さじ1

作り方
❶ ピーマンは縦半分に切ってへたと種を取る。フライパンにサラダ油を熱して皮面を下にして入れ、ふたをして中火で1〜2分焼く。
❷ 焼き色がついてピーマンがくったりしたら、バットなどに取り出し、めんつゆをかける。つゆごと器に盛り、かつお節としょうがをのせる(熱いままでも冷やして食べてもよい)。

焼いてめんつゆに浸すだけ。安定のおいしさ!

10 ヘルシーつまみ

強いお酒にも合う！パクチーとナンプラーでアジアンテイスト

あさりのナンプラー蒸し

材料(2人分)
あさり…250g (砂抜き)
A ┌ にんにく…1かけ
　├ 赤唐辛子の小口切り…1本分
　└ 酒…大さじ3
パクチー…適量
ナンプラー…小さじ2/3
レモンのくし形切り…2切れ

作り方
❶ あさりは濃いめの塩水に30分ほどつけて砂抜きをし、殻をこすり合わせて水洗いする。Aのにんにくは包丁の腹で押しつぶす。パクチーはざく切りにする。

❷ フライパンにあさりとAを入れて中火にかける。ふたをして4〜5分、あさりの口が開くまで蒸し、最後にナンプラーを加える。器に盛り、パクチーをのせ、レモンを添える。

あっさりレタスのしゃぶしゃぶ

材料(2人分)
レタス…小1個
A ┌ 練り白ごま…大さじ2
　├ めんつゆ(3倍濃縮)…大さじ1
　└ 水…大さじ1
万能ねぎの小口切り…適量
ラー油…適量
ポン酢、ゆずこしょう…各適量

作り方
❶ つけだれを作る。Aは混ぜ合わせて器に入れ、万能ねぎとラー油を添える。ポン酢にはゆずこしょうを添える。

❷ 大きめの鍋に湯を沸かし、沸騰したら1枚ずつはがしたレタスをサッとくぐらせてゆでる。ざるに上げて水けをきる。器に盛り、❶のたれにつけながら食べる。

11 ヘルシーつまみ

2種のたれでレタス1個、ペロッと食べられちゃう

今日のしーちゃん スイカ しーちゃんはスイカがとにかく好きだ。夏と言わずに一年中よくスイカを食べる。なので僕もたべることになる。最近は「スイカ食べる？」と聞かれても、断ることが多いから僕がスイカが嫌いになったと思われてるけど、それは違う。僕は普通、しーちゃんが食べ過ぎなだけだ。

脂肪の少ない胸肉を使って
やわらかく仕上げる

ヘルシーつまみ **12**

しっとり鶏ハム

材料(2人分)
鶏胸肉…1枚
ハーブミックスソルト…小さじ1強
ローリエ…1枚
ピクルス、粒マスタード…各適宜

作り方
❶ 鶏肉は皮を取り、ハーブミックスソルトをすり込んで15分ほどおく。ジッパー付きポリ袋にローリエとともに入れる。
❷ 大きめの鍋(直径20cmくらい)に湯を沸かし、沸騰したら火からおろし、常温の水カップ1を注ぐ。❶を袋ごと入れ、ふたをして30分ほどおく。
❸ 袋から鶏肉を取り出し、冷めたら5mm幅に切り、器に盛ってあればピクルスとマスタードを添える。

鮭のホイル焼き

材料(2人分)
生鮭(切り身)…1切れ
玉ねぎ…¼個
えのきだけ…¼袋
レモン…半月形の薄切り4枚
バター…5g
粗びき黒こしょう…適量
塩…少々
しょうゆ(またはポン酢)…適宜

作り方
❶ 鮭は塩をふって10分ほどおき、余分な水分をペーパータオルでふき取り黒こしょうをふる。玉ねぎは薄切り、えのきだけは石づきを切り落としてほぐす。
❷ アルミホイルを20cm四方程度にカットし、内側にバター少々(分量外)を塗る。その上に、玉ねぎ、えのきだけ、鮭、レモンを順に重ね、バターをのせてふんわりと口を閉じる。
❸ オーブントースターか魚焼きグリルで7〜8分蒸し焼きにし、好みでしょうゆやポン酢をかけて食べる。

ヘルシーつまみ **13**

鮭はコラーゲン豊富な
美容食材

COLUMN 04
盛りつけ上手の優秀な「魅せ皿」4選

涼やかな雰囲気を演出
透明皿
料理は見た目もとっても大切。ガラスの器は、涼やかな印象を与えてくれるので、春や夏のテーブルには欠かせません。ニュアンスのある無地や、柄が入ったデザインも表情があってすてきです。トマトとザーサイのナムル(P18)、アボカドとかにかまのチリマヨあえ(P10)、豆腐のエスニックサラダ(P54)などに登場しています。

おしゃれなイマドキ器
八角皿
器の作家さんたちもこぞって作っている八角皿。インスタ映えするイマドキの器として人気があります。特に長方形の八角皿は盛りつけのテクがなくても、おしゃれに見せてくれるのでおすすめです。きゅうりとちくわの辛子マヨあえ(P18)、ささ身のねぎソース(P36)、とろとろスクランブルエッグと生ハム(P50)などで使っています。

ぼってりと温かみのある器
やちむん

やちむんは沖縄で古くから作られている焼き物で、ぼってりとした質感と素朴な絵つけで人気があります。器自体に存在感があるので、シンプルなお料理を盛りつけても画になりますよ。この温かみがとても好きで、私もよく使います。この本では春巻き(P30)、鶏チャーシュー(P32)などに登場しています。

丸皿より実は使いやすい
細長皿

料理教室の生徒さんから、見栄えのする盛りつけ法について質問されるのですが、そんなときにおすすめしているのが細長皿。丸皿よりバランスが取りやすく、テクなしでも料理がさまになるからです。盛りつけに自信がない方はぜひお試しを。モッツァレラチーズの刺身(P12)や肉巻き卵(P48)で使っています。

ゆるつまエッセイ 02

大切にしているのは、
一緒に食べる時間
（夫より）

僕たち夫婦は趣味も違えば興味があるものも
全く違う。会う時間も少ない。
お互い好きな事をやっている夫婦です。
でも特に大切にしているのは、ご飯を一緒に食べる
時間です。
愛情込めて作ってくれたご飯は、美味しいし、嬉しい！
お酒好きの僕の為に、ササッとおつまみも作ってくれます！
面白かった出来事や仕事の事、いろいろな話をします。
僕の話を聞いているかわからないけど。笑

作画by夫

4 冷蔵庫にこれさえあれば！

「なにがあったかな」って、片手にビールを持ちながら、冷蔵庫オープン。ベーコンやウインナー、ちくわに納豆など、買い慣れたいつもの食材がこちらを見ている。そんなおなじみの食材を冷蔵庫にストックしておけば、肉や魚がなくても、買い物に行きそびれちゃっても、楽しく家飲みできますよ。

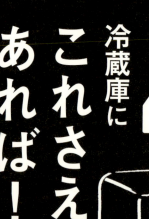

これさえあれば！
1 カマンベールチーズ

ドライフルーツと
ナッツの
ハニーカマンベール

材料(2人分)

カマンベールチーズ…1個
レーズン、くるみなど好みのドライ
　フルーツやナッツ…各適量
はちみつ…適量
クラッカー…適量

作り方

カマンベールチーズは厚みを半分に切って器に盛る。レーズンや粗く砕いたくるみなどを散らし、はちみつをかける。クラッカーを添える。

カマンベールの
ベーコン焼き

材料(2人分)

カマンベールチーズ…1個
ベーコン…3枚
塩、粗びき黒こしょう…各少々

作り方

① カマンベールチーズは放射状に6等分に切る。ベーコンは長さを半分に切り、カマンベールを巻く。

② フライパンかスキレットなどに並べて塩、黒こしょうをふり、中火にかける。ベーコンに焼き色がついてカマンベールが溶けるまで焼く。

これさえあれば！

2 ウインナー

ウインナーの
チリチリ炒め

材料(2人分)
ウインナー…4〜6本
塩、一味唐辛子…各少々
オリーブオイル…小さじ1
クレソン…適宜

作り方
① ウインナーは斜めに細かく切り込みを入れる。
② フライパンにオリーブオイルを熱し、ウインナーを炒める。焼き色がついたら、塩、一味唐辛子をふる。器に盛って、あればクレソンを添える。

ナポリタン炒め

材料(2人分)
ウインナー…4本
ピーマン…2個
A　トマトケチャップ…大さじ1
　　砂糖…1つまみ
粉チーズ…適量
サラダ油…小さじ1

作り方
① ウインナーは1㎝幅の斜め切りにし、ピーマンは縦半分に切ってから、繊維を切るように横1㎝幅に切る。
② フライパンにサラダ油を熱し、①を炒める。火が通ったらAを加えて味つけし、器に盛って粉チーズをふる。

ササッと ジャーマンポテト風

材料(2人分)
ウインナー…4本
じゃが芋…1個
オリーブオイル…大さじ1
塩、粗びき黒こしょう…各少々
パセリのみじん切り…適量

作り方
① ウインナーは縦半分に切ってから、1㎝幅の斜め切りにする。じゃが芋は1㎝幅の棒状に切る。
② フライパンにオリーブオイルを熱し、じゃが芋を一炒めしたら、ふたをして弱めの中火で3〜4分蒸し焼きにする。じゃが芋がやわらかくなったら、ウインナーを加えて炒め合わせ、塩、黒こしょうで味つけする。器に盛り、パセリを散らす。

これさえあれば！

3 ちくわ

ちくわの マヨマスタード焼き

材料(2人分)

ちくわ…2本
A ┌ マヨネーズ…大さじ1
　└ 粒マスタード…小さじ1
パン粉…適量
パセリ…適宜

作り方

❶ ちくわは縦半分に切る。Aをよく混ぜ、ちくわの内側全体に塗り、パン粉を散らす。

❷ オーブントースターか魚焼きグリルで3〜4分、焼き色がつくまで焼く。器に盛り、あればパセリを添える。

ちくわクリチー

材料(2人分)

ちくわ…2本
クリームチーズ…40g
青じそ…適宜

作り方

ちくわは縦に切り目を入れて開く。クリームチーズは1cm幅の棒状に切って、ちくわにはさむ。長さを3等分に切り、あれば青じそを器に敷いて盛る。

青のりの塩ちくわ

材料(2人分)
ちくわ…2本
A ┌ 青のり…適量
  └ 塩…適量
サラダ油…大さじ½

作り方
ちくわは7〜8mm幅の斜め切りにし、サラダ油を熱したフライパンで炒める。焼き色がついたらAをふって混ぜる。

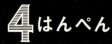

4 はんぺん

はんぺんの
バタポン炒め

材料(2人分)
はんぺん…大判1枚
A ┌ バター…10g
　└ ポン酢…大さじ1½
万能ねぎの小口切り…適量

作り方
① はんぺんは食べやすい大きさに切る。
② フライパンに①を並べて中火にかけ、両面に焼き色がついたら、Aを加えて味をからめる。器に盛って万能ねぎを散らす。

はんぺんの
のりチーズサンド

材料(2人分)
はんぺん…大判1枚
焼きのり…¼枚
スライスチーズ…1枚
青じそ…適宜

作り方
① はんぺんは厚みを半分に切り、のりとスライスチーズをはさむ。
② フライパンに①を並べ、中火で両面に焼き色がつくまで焼く。食べやすい大きさに切り、あれば青じそを器に敷いて盛る。

はんぺんの
ピリ辛ねぎマヨあえ

材料(2人分)
はんぺん…大判1枚
長ねぎのみじん切り…5cm分
A ┌ マヨネーズ…大さじ1½
  └ 豆板醤(トウバンジャン)…小さじ½
いり白ごま…適量

作り方
① はんぺんは1cm角に切る。
② ボウルにAを合わせ、①と長ねぎを加えてあえる。器に盛り、白ごまをふる。

これさえあれば！

5 納豆

カリカリお揚げ納豆

材料(2人分)
納豆…1パック
油揚げ…1枚
長ねぎのみじん切り…5cm分

作り方
① 油揚げは長さを半分に切って口を開く。納豆は付属のたれ、からし、長ねぎと混ぜ合わせる。
② 袋状にした油揚げに①の納豆を詰め、軽くつぶして厚さを均等にし、フライパンに入れて中火で両面焼く。

納豆きゅうり

材料(2人分)
納豆…1パック
きゅうり…1本
ツナ缶(油をきる)…1缶
みょうが…1個
めんつゆ(3倍濃縮)…小さじ1〜2
ラー油…適量

作り方
① きゅうりは1.5cmの角切りに、みょうがはみじん切りにする。
② ①をボウルに入れて納豆、ツナ、めんつゆを加えて混ぜ、器に盛ってラー油をかける。

納豆チヂミ

材料(2人分)

納豆…1パック
じゃが芋…1個
A ┌ 薄力粉…大さじ2
　├ めんつゆ(3倍濃縮)…小さじ1
　└ かつおぶし…1パック(2g)
万能ねぎ…3本
ごま油…適量
豆板醬、ポン酢…各適宜

作り方

❶ じゃが芋はすりおろしてボウルに入れ、Aを加えて混ぜる。

❷ 納豆は付属のたれ、からしと混ぜ、万能ねぎは2cm長さに切る。ともに❶に加えて混ぜる。

❸ フライパンにごま油を熱し、❷の生地をスプーンで落として小さめの薄い円状に広げる。両面にこんがり焼き色がつくまで中火で焼く。器に盛り、好みでポン酢や豆板醬を添える。

これさえあれば！
6 ベーコン

アボカドベーコンの わさびポン酢炒め

材料(2人分)
ベーコン(ハーフサイズ)…4枚
アボカド…1個
A ┌ ポン酢…大さじ1
　├ みりん…大さじ½
　└ 練りわさび…小さじ½
オリーブオイル…小さじ1

作り方
① ベーコンは3cm幅に切り、アボカドは一口大に切る。Aは混ぜ合わせる。
② フライパンにベーコンを広げて中火で焼く。軽く焼き色がついたらオリーブオイルとアボカドを加えてサッと炒め、Aで味つけする。

餅ベーコン

材料(2人分)
ベーコン(ハーフサイズ)…4枚
切り餅…2個
A ┌ しょうゆ…小さじ1強
　├ みりん…小さじ1
　└ 砂糖…小さじ½
七味唐辛子…適宜

作り方
① 餅は縦半分の棒状に切り、ベーコンを巻く。Aは混ぜ合わせる。
② フライパンにベーコンの巻き終わりを下にして並べ、餅に火が通るまで、面をかえながら弱火でじっくり焼く。餅がやわらかくなったらAを加えてからめる。器に盛り、好みで七味唐辛子をふる。

まいたけベーコン

材料(2人分)

ベーコン(ハーフサイズ)…4枚
まいたけ…1パック
削ったパルメザンチーズ(粉チーズでもよい)
　…適量
オリーブオイル…大さじ1

作り方

❶ ベーコンは1cm幅に切り、まいたけは大きくほぐす。

❷ フライパンにベーコンを広げ、中火で焼く。カリカリになったら取り出し、オリーブオイルとまいたけを入れて焼き色がつくまで焼く。器に盛り、ベーコンをのせ、チーズを散らす。

5 やっぱり食べたいシメごはん

お酒の後に欲しくなるのは、ご飯や麺類などの炭水化物！ さんざん飲んだり食べたりしているのに、これがないと物足りなくて……という人は多いですよね。ササッと作れて、男子も女子も満足してくれる、シメのごはんを紹介。簡単にできてしまうので、週末のランチなどにもぜひ試してみてください。

豚肉と豆苗と塩昆布のチャーハン

材料(2人分)
- 温かいご飯…茶碗2杯分
- 豚ばら薄切り肉…50g
- 豆苗(トウミョウ)…½袋
- 塩昆布…10g
- しょうゆ…小さじ1
- いり白ごま…適量
- 塩、こしょう…各適量

作り方
❶ 豆苗は根元を切り落として2cm長さに切り、豚肉は1cm角に切る。
❷ フライパンに豚肉を入れて中火で熱し、カリカリになるまで炒めて軽く塩、こしょうをふる。ご飯を加えて炒め合わせ、ご飯がパラパラになったら塩昆布を加える。
❸ しょうゆを鍋肌から回しかけ、味をみて塩で味を調える。最後に豆苗を加えてサッと炒め合わせ、器に盛って白ごまをふる。

シメごはん 1

カリカリ豚とシャキシャキの豆苗の組み合わせがあとを引く

上品な白だしで、あっさりきっちりシメ！

もずくにゅうめん

材料(1人分)
そうめん…½束
生もずく…60g
A ┌ 白だししょうゆ…大さじ2〜2½
　└ 水…350mℓ
梅干し、万能ねぎ…各適量

作り方
❶ そうめんは袋の表示時間通りゆで、ざるに上げて水けをきる。もずくは食べやすく切る。Aは鍋で温める。
❷ 丼にそうめんともずくを入れて温めたAを注ぎ、ちぎった梅干しと、斜め細切りにした万能ねぎをのせる。

冷や汁うどん

材料(1人分)
冷凍うどん…1玉
さばのみそ煮(缶詰)…50g
きゅうり…1本
みょうが…1個
A ┌ めんつゆ(3倍濃縮)…30mℓ
　├ すり白ごま…大さじ1
　└ 水…50mℓ

作り方
❶ 冷凍うどんは電子レンジで袋の表示時間通りに解凍し、水でしめて水けをよくきる。
❷ きゅうりは薄い小口切りにして塩2つまみ(分量外)でもみ、5分ほどおいて水けをよく絞る。みょうがは小口切りにする。
❸ ボウルにさばのみそ煮を入れてほぐし、Aと❷の半量を加え、よく混ぜて器に盛る。ざるにうどんを盛り、残りのきゅうりとみょうがを添える。

さばのみそ煮缶とめんつゆだから、酔っぱらってても、失敗なし！

シメごはん 4 いかの塩辛とバターを合わせたコク深い味

塩辛ペンネ

材料(1人分)
ペンネ…60g
A ┌ いかの塩辛…50g
　└ バター…10g
青じそ…2枚
刻みのり…適量

作り方
❶ ペンネは袋の表示時間通りにゆでる。湯をきって鍋にペンネを戻し入れ、Aを加えて中火にかけ、からめるように炒める。
❷ 器に盛り、ちぎった青じそとのりをのせる。

鶏茶漬け

材料(1人分)
温かいご飯…茶碗小盛り1杯分
ささ身(長さを半分に切ったもの)…½本
A ┌ 鶏がらスープの素(顆粒)…小さじ1弱
　├ 塩…1つまみ
　└ 水…200mℓ
酒…小さじ1
塩…少々
万能ねぎの小口切り、ゆずこしょう…各適宜

作り方
❶ ささ身は厚みを半分に切って酒をふり、電子レンジで1分ほど加熱する。粗熱を取って細かくほぐし、塩をふる。
❷ 鍋にAを入れて温める。ご飯を器に盛ってささ身をのせ、温めたスープをかける。好みで万能ねぎを散らし、ゆずこしょうを添える。

シメごはん 5 あっさりと、しみじみおいしい

おかかとしょうゆ味って食べるとホッとする

シメごはん **6**

しょうがおかかおにぎり

材料(2個分)
温かいご飯…茶碗1杯分
A ┌ しょうがのみじん切り…2かけ分
　├ かつお節…1袋(ミニパック2g)
　├ しょうゆ…小さじ1強
　└ ちりめんじゃこ(あれば)…大さじ1

作り方
ボウルにAを入れてムラなく混ぜる。ご飯を加えて混ぜ、好みの大きさににぎる。

豚キムチ焼きうどん

材料(1人分)
冷凍うどん…1玉
豚ばら薄切り肉…50g
白菜キムチ…100g
万能ねぎ…3本
いり白ごま…適量
めんつゆ(3倍濃縮)…小さじ1強
ごま油…小さじ1

作り方
❶ 冷凍うどんは電子レンジで袋の表示時間通りに解凍する。豚肉と万能ねぎは5cm長さに切る。
❷ フライパンに豚肉を入れて中火にかけ、軽く焼き色がついたらごま油を加える。うどんとキムチを加えて炒め合わせ、めんつゆで味つけする。最後に万能ねぎを加えてサッと炒め合わせる。器に盛り、白ごまをふる。

シメごはん **7** 「なに作ってんの？」って聞かれる、食欲をそそる誘惑の香り

もっと！ ゆるつま ダイアリー

気ままな2人の「ゆるつま」生活番外編！

私の本を参考に。「そばで見ていて！ でも、口はださないで！」の図。

たまにテラスでBBQ晩酌。焼くだけだけど、お酒と夜景が気分を盛り上げる。

確かこれは高得点を得たお弁当。見た目も考慮されてるのかな(笑)。

行きつけの定食屋で瓶ビールをちびっとひっかけた後の和定食！ この実家感、たまらん。

時々やっちゃう、2人で深夜のラーメン＆ビール。背徳感でうまさが倍増！

店を出すほどお気に入りのファラフェルサンド。裏テーマはビールにも合うこと！ 家飲みのお供にも。

私がいないときは自作つまみで晩酌の夫。名もなき即興料理はなかなかうまい！

本書『ゆるつま』担当Nさんに頂いたお酒とゆるつまで晩酌！ この幸せそうな顔！

近所の焼きとり屋でサクッと飲み。うまい焼きとりとうまい酒！ 至福!!

我が家のシステム上、試作品はそのまま晩酌へ。新作をいち早く喜んでくれるありがたい夫。

夫の行きつけ、地元の愛され居酒屋。いつも友達をたくさん作って帰ってくる。

おわりに

夫はとても寛大な人だ。

新婚当初から、年に数回思い立っては海外修業に行く私を笑顔で送りだしてくれる。帰国するとテーブルの上には決まって似顔絵付きの置き手紙があり、あったかい湯舟に浸かってゆっくり休んでね、とお風呂が沸いている。

滅多に喧嘩や言い争いはしないが、珍しく朝からやりあった日。

このまま憂鬱に一日がはじまるんだなぁとため息をついていたら、日課の植物のお世話をしている夫がベランダから「しーちゃん、ちょっとおいで〜」と呼ぶ。

もー！なにー！とふてくされたまま外に出ると太陽を背にホースで水をまきながら、

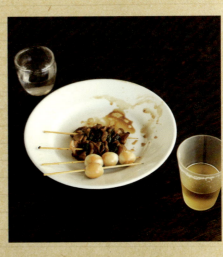

「ほら、きれいでしょう？」と手作りの虹を見せてくれる。

虹って作れるんだ!?いつもこんなことやってるの？てか、乙女だな！

といろいろびっくりしたが、やっぱり嬉しい。

猪突猛進型で忙しない嫁をもらった苦労はきっと絶えないはずだが、毎日小さな楽しみを見つけては教えてくれ、つかの間のほっこりを私にもわけ与えてくれる。

そんな夫がいちばん嬉しそうなのが、晩酌の時間。昔ほど気張らず、がんばりすぎない今の力の抜けた感じが心地いいらしい。風の気持ちいい夜はお気に入りのベランダで。今日もゆるっまで楽しく飲めたらいいね。

SHIORI

料理家。1984年生まれ。短大卒業後、料理家のアシスタントを経て独立。「若い女の子にもっと料理を楽しんでもらいたい」をモットーにテレビや雑誌、広告など、幅広く活動。東京・代官山の料理スタジオ「L'atelier de SHIORI」で料理教室を主宰。また2017年東京・中目黒にファラフェルスタンド「Ballon」をオープン。著書は『作ってあげたい彼ごはん』(宝島社)、『何度でも作りたくなるかんたん朝ラク弁当』(講談社)など、累計発行部数は400万部を超える。

撮影…野口健志
調理アシスタント…齋藤菜々子、佐藤礼奈
デザイン…三木俊一(文京図案室)
イラスト…須山奈津希
編集協力…内田いつ子

Special Thanks　Ryo Takeuchi

講談社のお料理BOOK
SHIORIの2人で楽しむ

ゆるつま

2017年11月15日　第1刷発行
2021年 9月17日　第3刷発行

著者
SHIORI
©SHIORI 2017, Printed in Japan

発行者
鈴木章一

発行所
株式会社講談社　KODANSHA
〒112-8001
東京都文京区音羽2-12-21
編集 03-5395-3527
販売 03-5395-3606
業務 03-5395-3615

印刷所 大日本印刷株式会社
製本所 株式会社国宝社

落丁本・乱丁本は購入書店名を明記のうえ、小社業務あてにお送りください。送料小社負担にてお取り替えいたします。
なお、この本についてのお問い合わせは、withあてにお願いいたします。
本書のコピー、スキャン、デジタル化等の無断複製は著作権法上での例外を除き禁じられています。
本書を代行業者等の第三者に依頼してスキャンやデジタル化することは、たとえ個人や家庭内の利用でも著作権法違反です。
定価はカバーに表示してあります。
ISBN978-4-06-509104-3